EXAMEN DE LA QUESTION

DU

DROIT AU TRAVAIL,

PAR

M. J. TISSOT,

PROFESSEUR DE PHILOSOPHIE A LA FACULTÉ DES LETTRES
DE DIJON.

DIJON,

DOUILLIER, IMPRIMEUR-LIBRAIRE,
rue des Godrans, 41.

———

1848.

EXAMEN DE LA QUESTION

DU DROIT AU TRAVAIL.

En dehors des théories socialistes ouvertement hostiles au droit de propriété, s'est élevée de nos jours une prétention fort juste en apparence, et qui a même pour elle un air de modestie et de moralité déjà propre à la recommander. Cette prétention, qui reçoit un nouvel intérêt de la position même de ceux qui la soulèvent, ou au profit desquels on la proclame, c'est le *Droit au Travail*. Autrefois, dans les sociétés anciennes, on ne parlait que du *devoir* de travailler; et encore ce devoir n'était-il fait que pour l'esclave. Plus tard, et sous les inspirations des idées chrétiennes, le travail fut ennobli: il devint une vertu quand la liberté fut devenue un droit. Au Moyen Age, et jusque sous Henri III, il commença même à être un droit. On le sollicitait comme une faveur; on ne pouvait se livrer à aucun métier sans en payer l'autorisation. Mais aussi ce droit était protégé comme un privilége; l'Etat écartait la concurrence illimitée.

La Révolution fit cesser cet abus; elle reconnut à tous le droit naturel de travailler, comme celui de vivre. On put dès-lors se vouer à une profession quelconque sans autorisation, sans *droits royaux* à payer, du moins à titre de privilége, et pour obtenir une protection spéciale.

Aujourd'hui ce n'est plus le droit de travailler qu'on réclame, c'est le droit d'avoir de l'ouvrage, d'en obtenir, le droit au travail.

Cette prétention est d'autant plus grave, que ses fâcheuses conséquences sont tout à la fois moins évidentes et plus désastreuses.

Nous avons cru qu'il était d'autant plus utile de les mettre en évidence, qu'elles sont plus cachées, et qu'un plus grand nombre d'esprits distingués et de cœurs honnêtes s'y sont laissé prendre.

Signalons d'abord l'origine de l'erreur.

Les sociétés les plus civilisées de notre temps sont profondément divisées par deux préjugés contraires à l'égard de la justice et de la bienfaisance. Les uns ne veulent que de la bienfaisance et point de droit; les autres n'admettent que des droits, et point de devoirs libres ou de pure conscience. Pour les uns donc le droit n'est rien, pour les autres la morale n'est qu'un nom. Les premiers, pénétrés du sentiment vague de l'obligation morale et des devoirs qu'elle impose, érigent la bienfaisance en droit strictement exigible, et ne mettent d'autre mesure à l'obligation correspondante que l'étendue même de leurs propres besoins. Les autres, non moins convaincus de tout ce qu'il y a de sacré dans le droit, dans le respect qu'il exige, méconnaissent entièrement le devoir moral de la charité, le regardent comme une affaire de tempérament, ou d'heureuse disposition du moment.

Commençons par établir les principes, nous examinerons ensuite les opinions.

La *justice* a pour objet ce qui appartient ou qui est dû à autrui, ce qui est sien à un titre quelconque.

Telle est la chose que j'achète de mes deniers ou de ma peine, celle que je m'approprie sans préjudice pour personne, soit parce qu'elle a toujours été sans maître, soit parce qu'elle a été abandonnée. Telle est encore la chose qui m'a été donnée ou laissée par le légitime propriétaire.

Me priver d'une chose que je possède ainsi, c'est me spolier, c'est blesser la justice.

La *bienfaisance* consiste à faire un bien auquel on n'est point tenu par la justice.

L'homme qui n'est que juste ne fait pas de bien dans le sens propre du mot; seulement il ne fait pas de mal.

L'homme bienfaisant ne se borne pas à ne pas faire de mal, il fait encore un bien auquel il n'est pas strictement obligé.

En d'autres termes, la justice consiste à rendre à chacun le sien. C'est le respect pur et simple de l'avoir d'autrui; c'est l'abstention du vol, vertu purement négative.

La bienfaisance, au contraire, ajoute à l'avoir d'autrui, c'est une vertu positive.

La justice se contente de n'appauvrir personne en lui dérobant ou retenant sa chose; la bienfaisance va plus loin, elle ajoute à ce qu'il possède, elle l'enrichit.

Il résulte de ce qui précède, qu'on ne doit rien, au nom de la justice du moins, à celui dont on n'a rien reçu. Nulle différence à faire à cet égard entre l'Etat et les particuliers.

Une autre conséquence des principes qui viennent d'être établis, c'est qu'on ne doit qu'en raison de ce qu'on a reçu.

Une troisième conséquence, enfin, et qui est d'ailleurs un corollaire de la précédente, c'est qu'on doit plus ou moins, suivant qu'on a plus ou moins reçu soi-même.

Ces propositions, traduites en d'autres propositions plus explicites encore, signifient:

1° Que nul n'est obligé, d'obligation stricte, à fournir du travail à qui en manque, s'il n'a d'ailleurs contracté des engagements à cet égard, c'est-à-dire s'il n'a reçu des services qu'il n'ait pas déjà payés, et qui l'obligent à faire travailler sans aucun avantage pour lui-même;

2° Que si l'obligation de faire travailler existait pour quelqu'un, ce ne serait que dans la mesure des services qu'il aurait reçus des travailleurs, ou dans la mesure des services qu'il pourrait attendre d'eux.

Donc tout travail qui serait onéreux pour celui qui le donne cesserait d'être obligatoire, à moins d'un engagement formel et absolu à cet égard. Autrement il faudrait mettre en principe qu'on est obligé de se ruiner pour enrichir autrui; qu'il faut s'exposer à périr de faim pour donner du pain à celui qui en manque; ou bien encore que la justice consiste dans la non-réciprocité, dans l'injustice, ou que l'égalité est l'inégalité.

5° Une troisième conséquence, c'est que, si l'on est, par une raison ou par une autre, obligé strictement à faire travailler, cette obligation ne peut être la même pour tous ceux au profit desquels elle pourrait d'ailleurs exister, puisque leur travail n'est le même ni quant à la nature ou qualité, ni quant à la quantité.

D'où nous devons conclure que l'égalité des salaires est nécessairement proportionnelle, et que l'égalité absolue des salaires est aussi injuste qu'elle est absurde.

Développons ces conséquences au triple point de vue du droit, de la morale et de l'économie sociale.

I.

Le Droit au Travail, garanti comme on l'entend par l'Etat, est contraire à la justice.

L'Etat peut-il être tenu à d'autres titres que les particuliers? Qu'est-ce donc que l'Etat considéré comme corps de nation, si ce n'est tout le monde? Le gouvernement, de son côté, n'est que l'administrateur de la chose publique: il ne peut donc imposer arbitrairement des charges à l'Etat.

Toute la question revient donc à savoir si l'Etat, considéré comme corps de nation, peut avoir d'autres obligations envers les citoyens nécessiteux, que les simples particuliers eux-mêmes.

La société est en avance de services avec chacun de ses membres, puisque c'est à l'ombre des lois, des pouvoirs établis, des institutions publiques, que nous naissons, que nous naissons citoyens, que nous sommes protégés et élevés. Si, dans un âge plus avancé, nous travaillons pour la chose publique, nous ne faisons d'abord qu'acquitter une dette antérieurement contractée; et, comme nous jouissons à chaque instant des bienfaits de la vie sociale, nous contractons dans tous les moments de notre existence de nouvelles obligations envers la société.

Pour que l'Etat fût en reste avec nous, il faudrait donc que nous eussions rendu à la chose commune des services extraordinaires. Dans l'immense majorité des cas, au contraire, nos services à la chose publique ne sont que des services rendus par nous-mêmes à nous-mêmes, et ce n'est qu'indirectement que la République en profite. Grace au mécanisme de l'ordre social, nul ne peut chercher légitimement son propre bien sans contribuer à celui d'autrui, au bien-être général par conséquent. Est-ce une raison cependant pour que ce service, indirectement et quelquefois assez peu volontairement rendu à la chose publique, soit considéré comme un titre à la bienfaisance nationale, comme une dette de l'Etat, comme un droit du particulier à être nourri au Prytanée, ou tout au moins à recevoir de la main du gouvernement un travail salarié qui n'a rien d'utile pour la société?

Disons-le donc, l'Etat, comme les particuliers, n'est généralement point tenu à nourrir les citoyens, même à la condition de leur offrir du travail, fût-ce un travail utile : car l'Etat n'est pas plus juridiquement tenu à s'enrichir en faisant travailler, que le particulier lui-même. L'Etat a le droit strict de ne pas vouloir s'enrichir en travaillant, en faisant travailler. La preuve, c'est que, si telle était la volonté expresse de tous les citoyens, ou simplement de la majorité, il faudrait bien considérer cette volonté comme l'expression du droit social. Avec la théorie du respect nécessaire des décisions législatives, comme d'autant de décrets de la Justice absolue elle-même, il n'y a pas moyen de contester notre proposition. C'est encore ici le cas d'appliquer la maxime *Res judicata pro veritate habetur*. Ici encore un jugement est prononcé; non pas un jugement interprétatif, mais un jugement dispositif ou de principe, et la vérité qu'il établit prend le caractère d'une vérité absolue.

Au nom du droit donc, l'Etat n'est point tenu de donner du travail aux citoyens qui en manquent, dût ce travail être utile à la République.

A plus forte raison cette obligation ne peut exister lorsque le travail qu'il pourrait donner n'est qu'une charge sans profit pour le trésor.

Cependant le pays qui serait assez mal intentionné ou assez mal administré pour refuser de s'enrichir en nourrissant les citoyens pauvres par le travail, serait un pays ou un gouvernement détestable, puisqu'il refuserait son propre bien pour ne pas procurer celui de quelques-uns de ses membres, bien qui, après tout, est encore le sien. Un semblable gouvernement, un pays pareil, ne mériterait que des sentiments de mépris ou d'indignation; mais il ne serait cependant pas coupable d'injustice. Il n'aurait à répondre que d'un défaut de bienveillance pour les particuliers, et de zèle pour l'intérêt public bien entendu.

Or il ne s'agit ici ni d'intérêt bien ou mal entendu, ni de moralité ou de bienfaisance, mais uniquement de justice. Il suffit à cette partie de notre thèse que l'Etat ne puisse, en semblable cas, être taxé d'iniquité.

Il ne pourrait l'être non plus si, obligé d'ailleurs à procurer du travail, il n'en donnait qu'en conséquence des avantages qu'il en retirerait, et à ceux-là seulement qui l'exécuteraient d'une manière qui lui fût utile.

Les principes sont donc en tout les mêmes, qu'il s'agisse de l'Etat ou des particuliers.

Nous allons plus loin: nous soutenons que le prétendu principe du droit au travail est non-seulement dépourvu de justice, tant à l'égard de l'Etat qu'à l'égard des particuliers qui seraient tenus d'y satisfaire, mais qu'il est de plus une injustice positive dans tous les cas où celui qui donne à travailler ne peut le faire qu'avec perte.

En effet, qu'est-ce donc qu'une injustice, si ce n'est l'amoindrissement de la fortune par suite d'un acte sans fondement juridique, sans titre pour l'exercer, sans réciprocité, sans équivalent qui ait profité ou qui doive profiter à celui qui l'endure?

En d'autres termes, si une injustice est un attentat à l'un quelconque des biens de l'homme, et dans ce cas à cette espèce de biens matériels qui constitue la fortune, et si cette injustice prend avec raison le nom de vol, qu'est-ce donc que la proclamation du droit au travail, comme l'entendent la plupart de ses partisans, sinon le droit de vol?

Prenez-y garde, socialistes qui professez le respect de la propriété, en même temps que vous proclamez le droit au travail dans un sens absolu: vous êtes inconséquents; vous vous abusez, ou vous vous moquez du bon sens public et du droit de propriété!

En voulez-vous une nouvelle preuve? Il suffit que vous reconnaissiez avec nous que le travail à livrer peut, soit par l'impéritie des gouvernants ou des particuliers, soit par l'inhabileté des ouvriers, par leur mauvais vouloir même, n'être pas avantageux à celui qui l'entreprend, pas aussi avantageux du moins qu'un autre placement possible des capitaux destinés à faire exécuter ce travail. Dans ce dernier cas, c'est un bénéfice dont l'entrepreneur est forcément privé, s'il est obligé, comme vous entendez qu'il le soit, à faire travailler ceux qui manquent d'ouvrage. Dans le premier cas, c'est une perte positive des capitaux engagés, une véritable atteinte portée à sa fortune.

Et cette atteinte sera d'autant plus certaine que l'ouvrage ainsi fait rivalisera difficilement avec l'ouvrage de même nature exécuté librement par des entrepreneurs à l'aide d'ouvriers de leur choix, parce que, en général, ce n'est, pour chaque genre de travail, que les plus mauvais ouvriers qui sont sans ouvrage.

Une autre circonstance qui pourra faire travailler à perte, c'est que l'ouvrier, même sans ouvrage, sera d'autant plus porté à faire la loi à l'entrepreneur que l'offre du travail sera plus considérable. Plus le nombre des ouvriers inoccupés sera grand, plus ils seront disposés à faire violence à ceux qu'ils pensent pouvoir leur offrir du travail, en les forçant à élever les salaires.

La marchandise sera d'ailleurs avilie par l'excès de sa production. Qu'on ne dise point que cet excès est impossible : les pléthores de ce genre ne sont que trop communes; et si les produits achètent les produits, s'il est vrai par conséquent qu'on ne produise jamais trop au point de vue absolu, il ne l'est pas moins, au point de vue relatif, qu'une industrie produit souvent au-delà de ce qu'une autre peut acheter. Or c'est ce qu'on appelle un excès ruineux de production.

Pour n'être pas entièrement injuste envers l'Etat, qu'on veut obliger à donner du travail à tout le monde, il faudrait au moins lui reconnaître le droit correspondant de distribuer à son gré les professions, les capacités, les travailleurs, et même de se prémunir contre le nombre excessif des demandes de travail. Or ce droit n'irait pas à moins qu'à faire des ouvriers les esclaves de l'Etat. Il pourrait les traiter comme une force vive toute matérielle, dont il aurait l'entière responsabilité. Il aurait, dans l'intérêt même de sa propre conservation, à calculer le nombre des bras qu'il doit laisser naître et conserver, puisqu'il serait dans l'alternative obligée de les employer pour ou contre lui-même.

A-t-on bien songé à un semblable droit de l'Etat? A-t-on bien compris tout ce qu'il a nécessairement de défavorable à la partie ouvrière de la population? Et si on l'a compris, comment ose-t-on se donner encore pour les soutiens, les amis par excellence des travailleurs?

Niera-t-on, d'un autre côté, qu'à l'obligation nouvelle qu'on veut faire peser sur l'Etat ne corresponde le droit de vie et de mort dont nous parlons? Depuis quand donc une obligation civile n'aurait-elle pas un droit parallèle? D'après quelle doctrine aussi nouvelle qu'elle serait fausse l'Etat n'aurait-il plus le droit de veiller à sa conservation,

*

à son droit d'être, et de bien-être même? Et si ce droit est incontestable, si c'est même un droit fondé sur l'obligation morale de veiller au maintien et au progrès de la civilisation, comment pourrait-on dénier le droit de faire respecter ce droit même?

Qu'est-ce qu'un droit qu'on n'a pas le droit de défendre? Qu'est-ce, pour l'Etat, que le droit d'être, le droit d'être bien, d'être mieux, le droit de veiller à ce que le flambeau de la civilisation, loin de s'éteindre, acquière incessamment un nouvel éclat, si l'Etat n'a pas le droit de se protéger contre l'invasion du paupérisme et de la barbarie? Et vous voulez qu'au contraire il donne les mains à la misère, qu'il l'encourage, qu'il étende cette lèpre sur tous les points du corps social, qu'il en fasse pénétrer le principe morbide jusqu'aux parties les plus intimes de l'organisme, qu'il s'en laisse dévorer jusqu'à la moelle! Car enfin, vous n'avez pas trouvé le moyen de mettre un frein à l'excès de la population; vous ne tenez aucun compte de cette terrible loi, ou vous ne lui opposez que des obstacles chimériques.

En proclamant le droit absolu au travail, vous proclamez donc le droit de la spoliation, et, s'il est nécessaire, du meurtre de celui qui possède par celui qui ne possède pas. En effet, si votre principe est juste, il doit pouvoir supporter toutes ses conséquences. Or l'une d'elles serait que tout individu qui ne serait point propriétaire d'une matière à travailler, pourrait, au besoin, s'emparer de celle de son voisin, qui n'aurait pas d'autre moyen de subsistance, et lui ôter même la vie s'il voulait défendre le champ, le meuble ou l'atelier qui le nourrit. Supposons, en effet, qu'un pays, le monde, soit si peuplé et si pauvre déjà, que chacun n'ait juste que le nécessaire, et que nul ne puisse faire vivre personne en le faisant travailler, sans se priver d'une partie de ce nécessaire? Que serait le droit de tout nouveau venu dans un pareil état de choses, et sous l'empire de la maxime que nous combattons? Evidemment ce droit serait alors de ravir les biens et la vie du premier venu.

Ce droit, si c'en est un, ressemble à celui que les anciens jurisconsultes appelaient *jus necessitatis*; mais au moins ne niaient-ils pas le droit du premier possesseur, du propriétaire, de défendre sa chose et sa personne. Loin de là; ils ne reconnaissaient de droit qu'en sa faveur, et ce qu'ils appelaient *jus necessitatis* chez l'agres-

scur n'était autre chose qu'une exception à lui accordée
pour repousser l'accusation de vol ou de meurtre, au nom
de la nécessité. Ce droit n'était que celui de n'être point
condamné, comme il le méritait au fond, grace à la situation désespérante où il s'était trouvé.

On parle du droit de vivre, de vivre en travaillant, et
l'on donne ce droit comme absolu. C'est une erreur. Le
droit de vivre n'existe pas pour quiconque a mérité de
mourir; il n'existe pas davantage pour celui qui ne peut
vivre qu'à la condition de ravir à un autre le même droit:
In pari causâ melior est conditio possidentis. Que serait
un droit ainsi en contradiction avec lui-même? Voici donc
le raisonnement que je fais :

Ou le droit de vivre en travaillant, et en travaillant sa
propre chose, est réel, ou il ne l'est pas.

S'il l'est, de quel droit pourriez-vous autoriser celui
qui ne possède pas à déposséder du nécessaire celui qui
possède?

S'il ne l'est pas, que signifie donc la proclamation absolue de ce prétendu droit?

Voulez-vous qu'il n'y ait de propriété sacrée que dans
des limites telles que personne ne manque du nécessaire? Je vous comprends alors. Mais tirons les conséquences de ce nouveau principe.

Premièrement, qu'est-ce que le nécessaire? et ne s'é-
gorgerait-on pas long-temps avant d'être d'accord sur ce
point? N'y a-t-il pas le nécessaire absolu et le nécessaire
relatif? Ces deux espèces de nécessaires ne diffèrent-ils
pas, non-seulement suivant les habitudes, l'éducation,
les positions sociales, la civilisation, mais encore suivant
les individus? Est-il possible de décider quoi que ce soit
en principe sur ce point? Et cependant vous prétendez établir des principes, faire de la doctrine !

Deuxièmement, qui jugera que le nécessaire absolu ou
relatif est ou n'est pas dépassé? Sera-ce celui qui possède,
ou celui qui ne possède pas? Autre source de querelles
et de divisions sans fin.

Troisièmement, au sein d'une société où tout le monde
est réduit à un nécessaire plus ou moins restreint, que
signifierait le droit au travail accordé aux nouveau-venus?
Vous seriez donc obligés, ou de les autoriser à violer ce
droit, cependant sacré selon vous, ou à les inviter à s'expa-
trier, à faire valoir ailleurs leur droit au travail, ou à
reconnaître que s'ils persistent à vouloir exister au sein
de cette société en la spoliant, ils peuvent être traités

comme des malfaiteurs, comme des ennemis jurés de leurs semblables. Que devient alors votre doctrine?

Quatrièmement, s'ils se trouvent placés au sein d'une société moins misérable, quelles seront les conséquences de votre principe? Les voici:

1° Les nécessiteux qui auront le droit de vivre en travaillant, auront sans doute aussi celui de se multiplier; et dès-lors ils auront également le droit de réduire la société dont ils feront partie à la dernière des misères.

2° Ils auront le droit de réduire ou de faire réduire toutes les fortunes au même niveau, sauf aux membres de cette malheureuse société à se dévorer ensuite en s'arrachant les derniers et les plus tristes moyens de subsistance.

En tout cas, que devient, encore une fois, votre prétendu respect pour la propriété, si le droit au travail permet de porter une atteinte quelconque à une fortune honnêtement acquise, quelle qu'en soit la force?

La propriété est absolue comme droit, ou elle n'est rien; si vous la méconnaissez à un degré quelconque, vous la méconnaissez à tous les degrés possibles.

Objections et Réponses.

Une personne dont le sens droit et le cœur honnête nous inspirent une grande estime, a bien voulu nous soumettre les observations suivantes:

« L'homme n'a-t-il pas des droits naturels, tels, par exemple, que la liberté, qui n'ont d'autres limites que le respect des mêmes droits dans autrui? » — Oui.

—« La société ou le gouvernement n'a-t-il pas pour objet la garantie de ces droits? » —Oui encore.

—«Le droit de vivre n'est-il pas un de ces droits naturels? Peut-on le nier sans nier tous les autres droits, et entre autres celui de propriété? »

Le droit de vivre, et même de vivre conformément à la dignité et à la destinée humaine, c'est-à-dire le droit de vivre dans des conditions de fortune telles qu'on puisse cultiver son intelligence et ses sentiments, est un droit naturel; mais ce droit a pour limite le même droit dans autrui, ainsi qu'on le reconnaît plus haut.

D'où il suit que s'il ne peut s'exercer qu'à la condition de déposséder les autres des moyens d'existence et même de bien-être qu'ils se sont légitimement acquis par leur travail, ou qui leur ont été transmis avec la vie par des parents, des ancêtres qui les possédaient eux-mêmes à de justes titres, ce droit n'en est plus un : ce serait le droit de spoliation, le droit de vivre en tuant les autres, ou le droit de se procurer le bien-être en les précipitant dans la misère. Un pareil droit serait la négation du droit, une contradiction, un nom respectable donné à un acte criminel.

Le droit de vivre à de semblables conditions, par de pareils moyens, n'est donc pas un droit: soutenir le contraire, c'est nier le droit de vie en l'affirmant; c'est nier tous les autres droits, celui de propriété en particulier, puisque tous les droits sont la conséquence de celui de vivre. Le droit de vivre ne peut donc être proclamé d'une manière absolue sans tomber dans la négation même de ce droit. Ce droit de vivre n'est donc qu'hypothétique, c'est-à-dire qu'il est subordonné à la condition que, pour vivre, on n'ôte à personne ses moyens honnêtes d'existence.

— « Mais si le droit de vivre est un véritable droit, les moyens de vivre ne doivent pas être précaires. »

Nous venons de voir que le droit de vivre n'est point absolu; qu'il est naturellement limité par le droit de vivre d'autrui, et que ceux qui possèdent légitimement les moyens d'existence ont pour eux un titre de droit inattaquable. Ce titre fait leur condition meilleure, et l'on ne pourrait sans injustice les en dépouiller, sous prétexte qu'eux aussi n'ont pas le droit de vivre quand d'autres mourront de faim. La position juridique n'est pas la même, il n'y a donc nulle parité.

Contester la différence de cette position juridique, ce serait nier le droit de recueillir les fruits de son propre travail, de les conserver, de les accumuler; le droit de se procurer des ressources pour l'arrière-saison, pour les mauvais jours; le droit des enfants de succéder à leurs parents. Or, supprimez ces droits, ce qui ne serait possible que par la violence et contre toute raison, et vous replongez la société dans la barbarie et la misère. Ainsi, pour n'avoir pas voulu respecter la propriété, le fruit du travail (car la propriété n'a pas d'autre principe juridique), la transmission de la fortune avec le sang, pour n'avoir pu consentir à ce qu'un petit nombre souffrît de sa propre inconduite, de celle des siens, ou des suites d'évènements qui ne sont imputables à personne, on plonge la société tout entière dans l'abîme de la misère.

—« Les moyens ne doivent pas être précaires ! »—Certes, il serait heureux qu'ils ne le fussent pas. Mais avec le droit au travail, on les rend tous précaires. Ceux qui ne devaient point l'être le deviennent; aucune existence, si laborieuse qu'elle ait été, n'est assurée; le premier *mange-tout* venu peut la démolir et la ruiner. Voulez-vous donc que les moyens d'existence soient assurés à qui de droit : consacrez-les comme propriétés inviolables entre les mains de ceux qui les possèdent à juste titre. Reconnaissez que les moyens d'existence doivent être précaires pour ceux qui ne font rien de ce qu'il faut faire pour les assurer.

Puisque les moyens d'existence et de bien-être ne sont pas aussi abondants que l'air qu'on respire, puisqu'ils sont le fruit du travail, puisque la solidarité dans la famille du côté de la fortune est aussi nécessaire et aussi juste que la famille même, il est impossible que les richesses ne soient pas précaires pour quelques-uns; il est juste même qu'il en soit ainsi. Le contraire est physiquement et moralement impossible.

— « Or les seuls moyens d'exister sont : la propriété, le travail, l'aumône, ou le vol. » — D'accord.

— « Eliminons le vol, qui porte atteinte au droit, à la propriété, et qui par conséquent suppose le règne de la force, l'absence d'organisation sociale. » — A merveille.

— « Mais la propriété est un moyen de vivre que tout le monde ne possède pas. » — Convenu.

— « A ceux qui en sont privés, il ne reste que le travail et l'aumône. » — C'est vrai.

— « Et l'aumône, d'abord, est un moyen qui n'est et ne peut être que précaire, puisqu'on ne peut l'exiger, puisqu'on n'y a pas droit, d'un droit strict. » — Accordé.

— « Il ne reste donc que le travail. » — C'est la vérité.

— « Pour que l'homme sans propriété ait le droit de vivre, il faut donc que le travail ne soit pas précaire. — Or il ne peut être garanti que par l'Etat. — Donc l'Etat doit à tout citoyen la garantie du travail. »

Reprenons, s'il vous plaît.

— « Pour que l'homme sans propriété ait le droit de vivre, il faut que le travail ne soit pas précaire. »

Pour qu'il ait ce droit absolument, oui; pour qu'il ne l'ait qu'à la condition de ne vivre aux dépens de personne, non.

Or nous avons fait voir que le droit de vivre n'est pas absolu, mais bien conditionnel. Donc le droit de vivre est compatible avec la précarité des moyens d'existence. Il est subordonné à la possession légitime de ces moyens.

— « Il faut que le travail ne soit pas précaire, pour que le droit de vivre ne le soit pas lui-même. »

Cela ne se peut, en ce qui regarde les particuliers comme particuliers : car il peut arriver que, dans une population donnée, il n'y ait pas assez de travail à livrer, pas assez de capitaux!, ou même de denrées à donner en salaire, pour assurer l'existence des non-propriétaires. Il n'est pas nécessaire de sortir de l'Europe, de la France même ou de tout autre pays, pour trouver cet état de choses.

On reconnaît du reste implicitement que les particuliers ne peuvent garantir le travail, puisqu'on dit que l'Etat seul est en mesure de le faire.

Il s'agit donc de savoir si l'Etat peut réellement garantir le travail aux non-propriétaires, et si, le pouvant, il le doit.

Il ne m'est nullement démontré que dans un pays pauvre, ignorant, sans industrie, sans besoins de luxe, sans commerce au dehors, sans grand commerce au dedans ; que dans un pays, en un mot, où chaque famille se suffit presque, comme dans certains cantons de la Suisse, l'Etat soit plus en mesure que les particuliers de donner du travail à qui en manque. Quand il n'y a pas d'inégalités nombreuses ou considérables dans les fortunes, l'Etat est aussi pauvre, plus pauvre quelquefois que les particuliers eux-mêmes. Le fait est sensible dans des milliers de nos communes de France. —Dès-lors, si l'Etat veut faire quelques travaux, s'il veut occuper les bras oisifs, sans spéculer sur leur travail, il est obligé de frapper un impôt extraordinaire. Or, par hypothèse, les particuliers ne retirent pas de l'emploi de cet impôt une utilité proportionnée à ce qu'il leur coûte. On les a donc appauvris; on a donc porté atteinte à leurs propriétés dans une mesure précisément égale à la différence de l'utilité du travail exécuté à leurs dépens, et de l'impôt qui a servi à le payer.

Je vais plus loin : je dis qu'alors même que, dans un temps donné, l'Etat pourrait occuper sans perte, avec profit encore, tous les bras oisifs du pays, le principe que l'on voudrait consacrer, à savoir la garantie du travail par l'Etat, n'est pas admissible. Car il pourrait se faire, et vraisemblablement il arriverait qu'un jour le nombre des prolétaires fût tel que les propriétaires ne pussent plus les nourrir, même en les occupant, qu'à la condition de se ruiner. Et alors qui est-ce qui les nourrirait à leur tour? Que deviendrait la société? Que deviendrait le droit de propriété? Il faut savoir que le vol ne consiste pas seulement dans la soustraction clandestine de la chose d'autrui, ou dans la spoliation à main armée, dans le brigandage, mais qu'il a pour caractère essentiel l'atteinte portée aux droits d'autrui en matière de choses. Or une législation qui garantirait le droit au travail au préjudice des contribuables serait une législation spoliatrice, un vol qui, pour être légal, ne serait pas moins digne de ce nom. Il n'y a qu'une exception à ce principe, encore n'en est-ce pas une : c'est le cas où tous les propriétaires consentiraient à se dessaisir, à s'appauvrir ainsi. Alors ils disposeraient de leurs droits, de leurs biens, ou par un sentiment de pitié, ou par un sentiment de crainte et de prudence. Mais ceux qui les obligeraient à ce sacrifice d'une liberté douteuse, ne seraient-ils pas encore assez comparables à ces voleurs de grand chemin qui font cadeau de la vie à la condition qu'on la paie de sa bourse? Car enfin, on est libre avec eux de ne pas leur céder sa bourse, sauf à leur abandonner sa vie.

Nous disons ensuite que la mesure de ce qu'on *peut* n'est pas toujours celle de ce qu'on *doit*, et que dans le cas même où l'Etat pourrait, sans se ruiner, sans ruiner les particuliers avec lui, donner du travail à ceux qui en manquent, il n'y aurait pour cela aucune raison de droit, aucune obligation juridique à le faire.

Cette *obligation* ne serait qu'un *devoir* moral, celui d'assister les nécessiteux, sans préjudice, ou même avec quelque avantage pour l'Etat. Mais par cela même que cette obligation n'aurait qu'un caractère moral ou de pure bienfaisance, il faut reconnaître qu'elle n'est point strictement exigible; il faut reconnaître encore que, du moment où l'Etat ne pourrait plus la remplir sans s'exposer au mal-aise, ou même à la ruine, sans compromettre la fortune des particuliers, sans porter atteinte à leurs droits, cette obligation cesserait en tout cas d'exister.

Nous concluons donc, à notre tour, de ce qui vient d'être dit, qu'en aucun cas l'Etat n'est juridiquement tenu à garantir le travail aux non-propriétaires. Il ne leur doit d'autre garantie en matière de travail que celle de la liberté de s'y livrer. Mais ce n'est pas le droit *au* travail, c'est celui *de* travailler, droit dont nous parlerons plus tard (1).

---

(1) Le droit de travailler fut érigé, en 1581, par Henri III, en droit *domanial et royal*. Il fut soumis en conséquence à des réglements

II.

Le Droit au Travail, garanti comme on l'entend par l'Etat, est contraire à la morale.

Nous avons prouvé que ce principe est contraire à la justice ; nous allons faire voir qu'il n'est pas moins opposé à la morale qu'au droit.

Par cela seul qu'il est contraire à l'équité, la morale ne peut déjà que le proscrire.

Mais elle le condamne encore comme opposé aux devoirs à l'occasion de nous-mêmes. En effet, si l'Etat se fait la Providence du prolétaire, il l'affranchit par-là de toute sollicitude légitime. Plein de sécurité pour l'avenir, ce sauvage de la civilisation n'hésitera plus à vendre son lit le matin, bien sûr qu'il est de n'avoir pas à le pleurer le soir ; il n'hésitera plus à couper l'arbre pour en cueillir les fruits.

Pourquoi se priverait-il aujourd'hui pour assurer son nécessaire de demain, puisque ce nécessaire ne peut plus lui manquer ? On le verra donc dépenser régulièrement son salaire, l'escompter peut-être. Si maintenant on l'entend déjà dire qu'à chaque jour suffit sa peine, et qu'il est toujours temps de jeûner quand on n'a pas de quoi manger, combien, à plus forte raison, ces maximes n'auront-elles pas d'autorité lorsque le souci du lendemain n'aura plus de raison, lorsque la terrible mais salutaire perspective de la faiblesse et des infirmités de l'âge aura été dissipée par celle de l'hospice des invalides du travail, qu'on ait ou qu'on n'ait pas travaillé d'ailleurs ?

Une pareille institution, si elle encourage la fainéantise, le désordre, l'ivrognerie, l'imprévoyance, est-elle vraiment morale ? Ne devrait-elle pas, pour avoir le caractère d'une bienfaisance éclairée et véritablement salutaire, n'offrir un asile et des ressources qu'à ceux qui les ont mérités, ou qui ne s'en sont pas rendus indignes ; à ceux, par exemple, qui pourraient, à tel âge, apporter à l'établissement tel fonds d'économie, telle retenue sur leurs salaires, ou qui justifieraient d'avoir été dans l'im-

---

et à des taxes diverses. Pour dédommager les artisans de cette charge nouvelle, on leur accorda la permission de limiter leur nombre et d'exercer des monopoles funestes à l'industrie. Mais le fisc lui-même vendit des lettres de maîtrise, sans même que les titulaires fussent tenus à faire épreuve et apprentissage. (*Hist. de l'Economie politique*, I, p. 349, par Villeneuve-Bargemont.) — Les choses ont bien changé depuis.

**

possibilité de faire aucune épargne pour eux-mêmes, par suite des sacrifices qu'ils ont faits pour soutenir des parents pauvres ou pour élever une famille? Ne serait-il pas nécessaire aussi d'y établir quelques distinctions dans le mode de traitement, suivant les apports, la conduite et le mérite des pensionnaires?

Que peut exiger de plus qu'un honnête nécessaire celui qui n'a été de sa vie qu'un paresseux et un dissipateur? Serait-il juste, serait-il bon de l'entourer des mêmes soins, de lui procurer les mêmes douceurs qu'à l'infortuné qui n'a jamais eu d'autre tort que d'avoir été victime de circonstances étrangères à sa volonté?

Mais revenons aux conséquences morales probables des promesses indiscrètes qu'on voudrait faire contracter à l'Etat au profit des nécessiteux. En leur garantissant un minimum, et l'avenir, avec ou sans travail, ils aimeront mieux gagner moins et faire moins bien. Ils travailleront sans probité, sans diligence, se feront chasser des ateliers privés, passeront dans les ateliers nationaux s'il y en a d'ouverts à leur convenance, y travailleront plus mal encore que dans les ateliers privés, sûrs qu'ils seront cette fois de n'être pas chassés.

S'il n'y a pas d'ateliers publics où ils puissent être reçus, ou s'ils ne se soucient pas d'y entrer, ils percevront le minimum garanti aux ouvriers sans ouvrage, et courront ainsi le monde, cherchant un travail qu'ils seraient très-fâchés de rencontrer, passeront de la vie d'ouvriers à celle de bohémiens, fatigueront sans pudeur la charité privée, s'irriteront de sa parcimonie, la menaceront s'ils la trouvent impuissante ou lasse, et finiront peut-être par tenir leurs promesses de pillage, d'incendie et de meurtre.

Ce n'est pas tout: le défaut de probité dans le travail, la vie désœuvrée qui s'ensuit, le vagabondage qui en est la conséquence, conduisent à un autre vice non moins désastreux, je veux parler du libertinage et de ses fruits. Cette corruption dégoûtante, qui commence par la séduction de l'honnête ouvrière, qui continue par la fréquentation des maisons de tolérance, finit trop souvent par le viol et l'assassinat sur la voie publique ou dans les lieux écartés.

Si le vice prend un cours plus régulier, moins vagabond et moins violent, si la passion semble parfois se fixer dans son objet, si elle va même jusqu'à céder à de pieuses sollicitations, et à se transformer en union légitime, elle est loin cependant d'être irréprochensible. Légitimes ou non, ces unions immorales ou imprudentes sont généralement d'une désastreuse fécondité; leurs fruits sucent le vice avec le lait; ces malheureux produits de la misère brutale sont mis immédiatement à la charge de la société, ou, ce qui est encore plus onéreux pour elle, sont élevés dans des goûts, des habitudes et des principes qui en font pour ainsi dire des ennemis-nés de l'honnêteté et de la justice.

Les souffrances méritées ne laissent pas d'être des souffrances, et par conséquent un mal, un mal physique. Mais, à d'autres égards, il est juste, il est bien moralement que chaque délit reçoive le châtiment qui lui est dû. Ce serait donc un mal, un mal moral, un fâcheux exemple, un encouragement dangereux, que l'ivrogne, le débauché, le prodigue et le paresseux fussent à l'abri des conséquences naturelles de leurs vices. Une société vraiment morale fera tous ses efforts pour prévenir la dégradation du prolétaire, pour le sortir du danger prochain du vice; mais si elle n'en peut venir à bout, elle laissera le pervers recueillir les fruits de son inconduite; elle ne se croira point obligée de bouleverser l'ordre providentiel des choses, pour soustraire le coupable à la juste sanction de ses fautes, surtout si elle ne pouvait le faire qu'en dépouillant l'homme honnête et laborieux du fruit de ses peines. La vraie morale, d'accord avec la vraie sensibilité, veut le respect de l'ordre, et s'attache avant tout à l'affermissement du bien, à l'encouragement de la vertu; et, sans vouloir désespérer le vice, lui laisse le temps de réfléchir sous le poids de ses suites funestes; elle lui laisse le temps d'en goûter les fruits amers, d'en contracter une salutaire et éternelle aversion. C'est alors, mais alors seulement, qu'est arrivé pour elle le moment de tendre une main généreuse au coupable devenu repentant. Jusque là elle a dû laisser le malheur agir comme un remède; tout ce qu'elle a dû faire, c'est de corriger avec sagesse l'amertume du breuvage; mais elle aurait agi sans prudence, sans véritable intelligence des intérêts du patient et du bien public, si elle avait prématurément éloigné la coupe des lèvres du malade.

En érigeant la bienfaisance en obligation juridique, on porte une autre atteinte encore à la morale, puisqu'on en confond les notions, et qu'on en pervertit le sens. Plus de distinction alors entre ce qui est dû et ce qui ne l'est pas. Tout est dû. Le besoin, quelle qu'en soit la cause ou l'occasion, est le seul titre à la dette sociale, et l'étendue ou l'ardeur du besoin, la seule mesure de l'obligation. La reconnaissance, les sentiments de sympathie et de dévouement qu'elle fait naître, n'est plus possible: le créancier n'est tenu à aucun sentiment de gratitude envers son débiteur; si tout lui est dû, c'est le débiteur, au contraire, qui lui sera redevable de ce qu'on lui aura provisoirement permis de garder.

Voilà les beaux sentiments de justice et de bienveillance qui résultent de la proclamation inconsidérée de la charité comme droit! Au nom de la fraternité, on viole la justice, on sème la division et la guerre. Prêchez, pratiquez surtout la fraternité comme vertu privée et libre; amollissez les cœurs; faites fondre l'égoïsme au feu de la charité chrétienne; épouvantez-le au point de le rendre généreux à force de sécheresse; démontrez-lui qu'il perd tout en voulant tout garder; faites tomber de ses yeux par les mains de l'intérêt les écailles dont l'intérêt les a couverts: nous vous applaudirons. Mais si vous prétendez ériger la bienfaisance en obligation stricte ou juridique, vous tombez dans une erreur déplorable, dans une erreur antisociale, aussi opposée au progrès de la civilisation qu'à la diffusion du sentiment de la fraternité. On ne consentira jamais, sachez-le bien, à reconnaître un sentiment de concorde et d'amitié le plus tendre dans un principe de spoliation. Le nom, si beau qu'il soit, finirait par être aussi odieux que la chose même qu'il serait hypocritement destiné à couvrir et à déguiser. Par respect pour la fraternité véritable, cessez donc d'appeler ainsi un sentiment qui, loin d'être généreux et ami, foule aux pieds, de la manière la plus hostile, les droits les plus sacrés.

Est-ce là le dernier tort de la doctrine que je combats envers la fraternité véritable?—Plût à Dieu! mais il n'en est rien. — Voici donc une nouvelle cause de désunion prête à sortir de ce singulier cri de guerre.

Vous avez chargé l'Etat de toutes les existences individuelles; vous en avez fait la providence de tous ses membres. Voilà votre principe. Vous avez dû, pour le mettre en pratique, frapper les citoyens d'impôts proportionnés à l'étendue des besoins à soulager; vous avez ainsi donné à la charité un caractère légal et public. Qu'en résultera-t-il? C'est que la charité privée comptera sur la charité publique, et deviendra sourde aux infortunes secrètes et pleines de pudeur encore qui la solliciteront. C'est que, pressurée par l'Etat, elle sera sans ressource pour les particuliers. C'est que la sympathie, les relations intéressantes qui s'établissaient entre l'obligeant et l'obligé, entre le riche et le pauvre, n'auront plus lieu : l'indigent ne sera plus qu'un créancier dont tout le monde sera débiteur, et qui touchera froidement, mécontent peut-être, ses maigres arrérages des mains glacées d'un fonctionnaire public. Beau progrès vraiment, dans les sentiments de bienveillance et de fraternité universelle !

Et cependant ce n'est pas tout encore : si l'Etat ne veut pas succomber sous le faix, il sera dans la cruelle nécessité d'avilir l'indigent, le prolétaire, en lui ravissant une partie de la liberté qui appartient strictement à tous les hommes chargés de leurs destinées. Jusqu'ici, sous l'empire de la liberté individuelle, on a dit aux citoyens : « Vous êtes libres de vous enrichir honnêtement, comme aussi de vous appauvrir. Vous êtes libres de travailler ou de rester oisifs, d'être économes ou prodigues, d'être esclaves des plaisirs ou d'avoir une conduite sage et réglée, de vous marier ou de rester célibataires, de vous marier sans ressources, ou seulement quand vous pourrez nourrir votre compagne et élever vos enfants. Vous êtes libres de vous donner un nombre indéfini d'héritiers de votre misère, ou de ne procréer d'enfants qu'autant que vous pourrez en élever. Vous êtes libres de vous livrer à la profession qu'il vous plaira, et même de n'en avoir aucune. Vous êtes libres de la remplir avec plus ou moins de conscience, d'intelligence et de zèle. Vous êtes libres de vous associer ou de ne pas vous associer entre hommes de même profession ou de professions différentes. Vous êtes libres de vous attacher à un patron ou d'en changer. En tout cela prenez conseil de vos intérêts seuls : la société n'entend répondre en aucune manière de votre détermination, parce que cette détermination est la vôtre et non la sienne, et qu'elle vous doit seulement de protéger votre liberté, quel qu'en puisse être l'usage, pourvu toutefois qu'il ne soit pas immédiatement hostile aux droits d'autrui. Soyez donc libres, libres jusqu'à mourir de faim, si telle peut être votre fantaisie : la société vous protègera scrupuleusement jusque là, tant elle est peu disposée à faire de vous des esclaves, tant elle estime le premier et le plus fondamental des droits de l'homme, la liberté, principe de la dignité et de la valeur de l'individu comme des nations! »

A ce langage, qui n'a rien que de sérieux, et qui est

fondé sur la plus haute estime de la personnalité humaine, l'Etat sera obligé, dans le *nouveau système*, de substituer celui-ci : « Votre conduite est à ma charge; je réponds de l'usage de votre liberté; je n'entends point que vous mouriez de faim, l'eussiez-vous mérité cent fois. J'entends encore moins succomber sous le fardeau de votre destinée. Je dois la même protection à tous vos concitoyens. L'usage de votre liberté doit donc être réglé par moi, dans mon intérêt d'abord, puisque vous voulez que j'en supporte les conséquences. Vous ne vous appartenez donc plus; vous êtes devenus mes esclaves. Vous avez donc à choisir entre la responsabilité que vous me demandez et que j'accepte, et une liberté que je vous avais laissée, mais qui vous pèse, et dont vous ne savez que faire. »

Où est, je le demande, la dignité de l'homme, du citoyen? où par conséquent le respect de sa moralité, le souci véritable de son perfectionnement?

Peut-on, à cet égard, être divisé d'opinions? et le prolétaire lui-même pourrait-il être d'un avis différent, s'il prévoyait toutes les conséquences de la tutelle qu'il réclame?

III.

Le Droit au Travail, garanti comme on l'entend par l'Etat, est funeste à la richesse publique.

Mais au moins si cette tutelle devait amener l'aisance générale! si, en blessant la justice, en offensant la morale, elle avait pour elle quelque grand avantage matériel! Sans doute, il n'y aurait pas compensation pour autant; mais au moins les partisans de l'utilité comme souverain bien y trouveraient un ample motif de consolation. Eh bien! non; l'Economie sociale, je veux dire la richesse ou le bien-être général, ne se trouve pas moins compromis dans ce système que la justice et le respect de soi-même.

Il suffirait, pour n'en pas douter, de réfléchir à ce fait, que la prospérité des nations est nécessairement en raison du respect pour les droits acquis, de la liberté des citoyens, et de leur moralité.

Dès que le fruit légitime du travail n'est plus en sûreté, dès qu'il est menacé, que dis-je, dès qu'il est légalement atteint, le découragement s'empare des activités les plus habiles et les plus ardentes. Elles s'engourdissent ou se tournent au mal; et, loin de travailler à l'accroissement des richesses, elles paralysent le travail, en lui devenant elles-mêmes hostiles.

Partout où l'indigence deviendra la plante légalement parasite de la richesse, sans autre mesure surtout que l'étendue de ses besoins; partout, en d'autres termes, où le fruit du travail, la propriété, sera grevé d'autres charges publiques que celles qui sont propres à féconder l'industrie et à la multiplier encore, elle tombera dans la langueur, et finira par l'inertie.

Or nous avons vu que le droit au travail, tel que l'entendent la plupart de ses apologistes, est essentiellement attentatoire à la propriété. Il est dès-lors essentiellement contraire à l'esprit d'industrie, et par suite à la richesse publique.

Quelques réflexions moins générales dissiperont tous les doutes qui pourraient subsister encore à ce sujet.

L'Etat, qui se trouve dans l'obligation de faire travailler pour faire travailler, c'est-à-dire pour déguiser son aumône, n'a pas toujours la liberté de choisir le genre de travail qu'il lui importerait le plus de faire exécuter: la saison, les distances, l'humeur des ouvriers, leur incapacité relative ou absolue, la situation des finances, la nécessité de rentrer plus ou moins promptement dans les avances, tout cela fait à l'Etat une sorte de loi qu'il subit au grand préjudice de la fortune publique.

Mais tout en le supposant libre de choisir les travaux qu'il croit les plus utiles, il ne l'est plus de choisir les ouvriers destinés à les exécuter. Or, on l'a déjà dit, ce sont les moins capables, les moins forts et les moins zélés qui s'adressent à lui; les ouvriers consciencieux et habiles seront toujours occupés par l'industrie privée.

De plus, un grand nombre d'entre eux sont étrangers au genre d'occupation qui leur est offert. Nouvelle raison pour n'en attendre que peu d'ouvrage, et un ouvrage de mauvaise nature.

L'Etat travaille donc alors à perte. Et cette perte sera plus sensible encore si les produits sortant des ateliers nationaux se trouvent en concurrence avec les produits de même nature mis en circulation par l'industrie privée. Cette industrie sera d'ailleurs plus vigilante, et subira moins de pertes de toute nature, même avec des ouvriers qui ne vaudraient pas mieux que ceux qui seraient employés par l'Etat.

Qu'arrivera-t-il donc de la concurrence qui va s'établir entre l'industrie publique et l'industrie privée? Si l'Etat veut vendre ses produits ce qu'ils lui coûtent, il n'aura pas d'acheteurs. Il aura travaillé en pure perte. Les capitaux qu'il aura enfouis dans ses ateliers resteront complètement improductifs; il n'en résultera aucun avantage pour l'industrie nationale, pour la richesse publique. Ces capitaux seront donc une perte réelle pour le pays, c'est-à-dire pour les particuliers qui en auront fait le déboursé sous forme d'impôts ou de prêts, et qui n'en retireront absolument aucun profit.

Si l'Etat, pour soutenir la concurrence avec les particuliers, baisse le prix de ses produits, il perd cette différence, plus ce que lui a coûté de surplus la main-d'œuvre : deux pertes qui représentent bien au-delà des bénéfices que peut faire l'industrie privée. La perte n'est donc pas seulement une absence de profit, c'est une perte très-positive.

S'il baisse encore ses prix, dans l'espoir de faire donner la préférence à ses produits, sa perte sera plus grande encore. Et si le public a le malheur de se laisser prendre à cette amorce, il provoque la ruine des industries privées, la ruine de l'Etat lui-même par conséquent, puisque l'Etat n'est riche que de la richesse des particuliers. De plus, l'Etat, alors maître en apparence du marché, relèvera ses prix, sans cependant pouvoir rentrer encore dans ses déboursés, et sans obtenir, moins que jamais, une bonne qualité dans ses produits.

A moins que l'industrie privée ne fût complètement abattue, et que les particuliers ne fussent inertes et stupides, à moins, par conséquent, que la nation ne fût à deux doigts de sa ruine, l'industrie publique ne pourrait arriver à faire des profits sans que l'industrie privée ne se relevât, sûre qu'elle serait d'en faire davantage encore. Mais en attendant son rétablissement ou sa résurrection, l'industrie privée du dehors ne laisserait déjà aucune chance de prospérité à l'industrie publique du pays: elle se mettrait spontanément en concurrence avec elle, et toutes les douanes du monde n'aboutiraient qu'à un surcroît de charges propres à consommer plus tôt sa ruine.

Voilà donc l'industrie privée et l'industrie publique ruinées du même coup.

Je sais que le prix des denrées baissera en raison de la rareté du numéraire ou de la pauvreté générale du pays. Mais si bas qu'il puisse descendre, encore faut-il qu'il

soit accessible. L'hectolitre de froment fût-il à cinquante
centimes, serait encore trop cher pour le père de famille
qui n'en pourrait donner que vingt-cinq. Or, pour donner
cinquante centimes, il faut pouvoir les gagner. Il faut
donc une industrie, il faut un travail, un profit, ou un
salaire.

Mais quelle industrie privée sera jamais possible dans
ce désastre universel? Remarquons bien, en effet, que la
ruine d'un genre de travail entraînerait la ruine d'un autre; que toutes ces ruines successives rejetteraient avec une
progression effrayante à la charge de l'Etat les ouvriers
qui les exerçaient, les maîtres et les entrepreneurs qui en
vivaient.

Les charges de l'Etat s'accroîtraient donc alors avec
une épouvantable rapidité; plus elles seraient lourdes,
moins il aurait de moyens pour y suffire. Il y a dans ce
phénomène économique un double mouvement parallèle,
mais en sens inverse, qui aboutirait, avec une vitesse
composée, à la ruine du pays.

Quand, à la fin, cette ruine serait consommée, l'Etat
se trouverait seul propriétaire, seul industriel, les particuliers ne seraient plus que ses salariés; ils seraient ses
hommes, ses esclaves. L'intervention de la richesse étran-
gère seule aurait pu sauver un semblable pays d'une pareille catastrophe. Mais écartons cette hypothèse, qui
n'est qu'accessoire dans le problème. Considérons cette
nation comme devant se suffire à elle-même, et achevons
d'esquisser son dernier état de misère.

Voilà donc tous ses citoyens appauvris, ruinés, esclaves
de la chose publique, qui en reçoivent, en échange de
leur travail, une misérable pâture.

Est-ce donc là l'idéal auquel on aspire? et prétend-on
faire renaître de cette cendre un phénix social, la communauté peut-être? La communauté de misère, oui sans
doute; la communauté de biens, non. Il n'y a plus de
biens, parce qu'il n'y a plus d'industrie, parce qu'il n'y
a plus de travail libre et produisant du superflu, parce
qu'il n'y a plus de propriété, parce qu'enfin le droit absolu au travail a été proclamé.

La richesse, en se retirant, a fait disparaître les goûts
nobles, sérieux, le besoin de l'étude, la culture des sciences et des arts. La barbarie a chassé devant elle à grands
pas la civilisation; la paresse a remplacé l'activité, sans
laisser aucun loisir pour l'étude. Le sauvage ne redoute
rien à l'égal de la méditation laborieuse; il rêve, mais

n'étudie point. Il étudie si peu, que sa malédiction favorite n'a pu s'élever jusque là. Depuis qu'il s'est trouvé en contact avec les peuples civilisés, il a bien dit dans sa colère, en s'adressant à son pareil : « Puisses-tu être réduit à conduire une charrue! » Mais le génie du mal ne lui a pas encore fait imaginer cette imprécation : « Puisses-tu être obligé d'apprendre la grammaire, l'algèbre ou la logique! »

Eh bien! ce qui est pour nous aujourd'hui une source de plaisirs purs, une consolation dans nos maux, quand il ne les prévient pas, la culture des sciences et des arts, ne serait plus qu'un supplice, un effroi, s'il pouvait encore être pour nous quelque chose.

Mais il ne faut pas qu'une nation descende si bas, pour qu'elle ait disparu du monde. Elle perd son nom avant même d'avoir perdu tous ses titres à l'existence. Les membres en gisent encore épars, palpitants d'un reste de vie, que déjà elle n'est plus comme corps de nation.

Si donc la garantie du droit au travail devait nous faire succomber sous le poids d'un immense prolétariat; si cet état de choses devait aboutir à une communauté de misère, de servitude et de barbarie, notre malheureuse patrie aurait cessé de compter parmi les puissances européennes, dont elle serait devenue la dérision et la proie avant déjà d'être tombée si bas.

Mais non, le bon génie de la France ne permettra ni le triomphe d'une pareille erreur, ni une semblable infortune : la propriété, c'est-à-dire le droit, et avec le droit la morale, seront respectés, en même temps que le malheur des hommes déshérités de la fortune sera prévenu ou soulagé.

IV.

Dans quel sens il y a véritablement un droit au travail,
dans quel sens ce droit doit être garanti par l'Etat.

Nous venons de voir un prétendu droit au travail également condamné par le droit, par la morale, l'économie sociale et la civilisation.

Il en est un autre qui n'a rien d'abusif, qui est sacré, comme tout droit véritable, qui est un principe de moralité, de richesse particulière et publique, une condition, enfin, de bien-être et de civilisation.

Ce droit au travail consiste dans la faculté civile ou juridique que doit avoir tout individu d'appliquer ses forces ou son intelligence à une matière qui lui appartient, pour l'approprier à ses besoins ou lui donner plus de valeur vénale, ou à une matière qui nous est librement donnée à spécifier par le propriétaire moyennant une certaine rétribution (*locatio operis.*)

Ce droit au travail est sacré comme notre existence même, puisqu'il en est le soutien. Il dérive, comme le droit de propriété, comme tous les droits, de la conception de notre personnalité et de celle de notre destinée. Nul ne pourrait originellement avoir de droit si chacun de nous n'en était investi au même titre, c'est-à-dire à titre de personne ayant un but à atteindre dans la vie.

Du reste, ce droit au travail n'est point nié, et ce n'est pas ici le lieu d'en donner la déduction psychologique. Qu'il nous suffise de l'avoir constaté et défini. Remarquons cependant qu'il rentre dans le droit suprême de liberté, qu'il n'en est déjà qu'une conséquence.

Par cela seul donc que l'Etat doit protéger l'exercice d'une liberté compatible avec toute autre liberté qui ne sort pas elle-même de sa sphère légitime, il doit aussi protéger le droit au travail. La protection du droit au travail n'est donc pas autre chose que la protection du droit de liberté, de la même manière que le premier de ces droits rentre nécessairement dans le second.

La société, par l'intermédiaire de ses chefs, protège le droit au travail en l'aidant à lever ou en levant elle seule tous les obstacles injustes qu'il peut rencontrer. Sont obstacles injustes : toute entrave directement apportée au libre et honnête exercice de nos facultés physiques, intellectuelles et morales; — toute concurrence préjudiciable à celui qui l'exerce, mais établie dans la perspective de ruiner une industrie rivale; — toute atteinte portée à la réputation d'un homme comme ouvrier; — toute connivence entre les patrons ou entrepreneurs pour frustrer le travail d'une partie légitime de son salaire; — tout abus du même genre commis sans concert, tel que le marchandage; — toute mesure des maîtres industriels ayant pour but d'empêcher les ouvriers, soit de connaître leurs intérêts et leurs droits, de se concerter pour les discuter et les débattre avec ceux qui les emploient, soit de s'associer pour créer une industrie rivale; — toute charge publique qui ne serait point en harmonie avec les ressources des travailleurs. Mais déjà ce dernier obstacle n'a qu'un rapport indirect avec la liberté du travail.

V.

Ce que l'Etat peut faire encore dans l'intérêt des prolétaires, sans y être juridiquement tenu, sans blesser les droits des autres citoyens, et même à leur plus grand avantage, comme à l'avantage de la chose publique.

Jusqu'ici, c'est-à-dire dans l'exécution de toutes les mesures qui précèdent, l'Etat n'a été que juste envers le prolétaire : s'il faisait moins, il serait coupable; mais s'il fait plus, c'est sans y être strictement tenu, et par des considérations de pure bienfaisance ou d'intérêt public bien entendu.

A ce double titre, l'Etat manquerait à la partie morale et économique de sa mission, il manquerait de bienveillance et de sagesse, s'il se bornait à être juste où à respecter ou faire respecter les droits des citoyens qui portent le poids du jour et de la chaleur.

Il doit donc faire, sous peine de mériter le reproche d'impéritie et d'une indifférence blâmable, tout ce qui peut améliorer leur sort sans préjudice pour les droits de personne.

Il pourrait, entre autres mesures de cet ordre,

1. Faciliter les associations mutuelles de secours entre les travailleurs de la même industrie ou d'industries différentes;

2. Ouvrir un placement avantageux à leurs économies;

3. Associer une portion de leurs capitaux à des travaux publics fructueux;

4. Leur ménager un crédit moins onéreux que les monts-de-piété et les prêts ordinaires des particuliers;

5. Créer des établissements où les invalides de cette espèce pussent entrer à certaines conditions peu onéreuses; et d'autres où les soins de première nécessité seraient également donnés à ceux qui n'auraient d'autre titre pour y entrer que le malheur, mais un malheur non mérité;

6. Organiser dans chaque département des bureaux de renseignements et de placements, où les demandes et les offres de travail aboutiraient de tous les points du département, et un bureau central de ce genre à Paris, où les besoins pourraient être signalés de toutes les parties de la France, et d'où les renseignements pourraient être expédiés dans tous les départements.

7. Leur ménager des loisirs qu'ils seraient intéressés à remplir par leur assiduité à des leçons où ils trouve-

raient le complément de l'instruction primaire, et qui auraient principalement pour objet des conseils relatifs aux différentes professions, aux positions diverses de la vie, aux circonstances politiques où se trouverait placé le pays tout entier. La morale, l'économie politique, seraient aussi des branches essentielles de cet enseignement.

L'Etat ne peut s'engager à rien de plus ; le reste est l'affaire des particuliers.

Il faut qu'ils comprennent bien, et spécialement ceux qui emploient les ouvriers, les propriétaires qui ont des fermiers, des locataires ; qu'ils doivent porter aux artisans de leur fortune un intérêt tout particulier ; qu'ils doivent en être les patrons dans toute l'étendue du terme, c'est-à-dire les protecteurs, les conseillers et les amis.

Tout homme qui est dans une honnête aisance doit se faire une loi sacrée de participer à quelque bonne œuvre de ce genre.

L'opinion publique doit se tourner dans ce sens, et se montrer exigeante et sévère.

A cet égard l'éducation morale de la partie aisée de la société est loin d'être achevée ; et c'est par-là précisément qu'il faudrait commencer. Celle du pauvre par le riche ne peut réussir qu'à cette condition. Pour que l'indigent écoute avec confiance les conseils qu'on lui donne, les maximes qu'on lui prêche, pour qu'il en soit pénétré, qu'il les goûte et les suive, il faut qu'il soit assuré qu'on lui porte un véritable intérêt, un intérêt efficace.

Une des grandes sanctions de la loi morale de la bienfaisance, c'est l'élévation aux emplois publics par l'élection populaire : il faut à cet égard que les ouvriers, les bourgeois surtout, soient inflexibles. Arrière les hommes sans entrailles, et qui refusent d'accepter leur juste part du fardeau commun !

Il y a une sorte d'injustice morale à ne pas contribuer volontairement à ces charges publiques ; c'est une espèce de vol commis, moins cependant au préjudice des nécessiteux qu'au détriment des familles moins aisées et plus généreuses.

Il est certain qu'une immense fortune entre des mains égoïstes est un mal social, un scandale public.

En voyant ce mauvais vouloir, on incline à penser qu'il mérite d'être atteint par une mesure légale, et qu'il n'y a rien de plus équitable encore dans la répartition des charges publiques qui ont la bienfaisance pour objet, que la marche suivie pour la distribution des charges qui tiennent à la justice, c'est-à-dire l'impôt, la charité légale. C'est là une tentation dangereuse, mais fort naturelle cependant.

Une mesure préférable, selon nous, préférable même à celles qu'on a souvent essayées pour l'extinction de la mendicité par voie administrative, serait d'organiser dans chaque commune rurale, dans chaque quartier des grandes villes, des sociétés privées de bienfaisance, dont les secours seraient exclusivement affectés aux indigents du ressort. Tout entraînement qui ferait abandonner cette résolution serait une faiblesse préjudiciable à la charité et à la moralité publiques.

Si le nécessiteux n'avait de ressources à attendre que de ses compatriotes immédiats, de ceux qui connaissent bien sa famille, qui le connaissent lui-même, il irait moins facilement chercher fortune ailleurs; il déserterait moins volontiers la charrue pour la livrée de la servitude ou pour l'atelier; il regagnerait plutôt des foyers qu'il n'aurait jamais dû quitter; il saurait que sa bonne conduite seule peut lui mériter l'intérêt de ses concitoyens; il n'en serait pas quitte, après avoir dissipé son patrimoine en débauches, pour sortir de son pays, mettre de côté toute pudeur, tendre ignominieusement la main, surprendre la charité par des récits fabuleux, en attendant que des sentiments plus répréhensibles encore le poussent à des actions plus coupables.

Tout mendiant, dans ce système, serait régulièrement renvoyé au trésorier des pauvres de la commune ou du quartier, lequel lui répondrait par un *nescio vos* irrévocable, s'il n'était réellement pas de son ressort, ou s'il n'avait aucun titre aux secours de ses compatriotes immédiats.

L'Etat seul, la commune, viendrait au secours des indigents qui n'auraient aucun titre à la commisération privée, ou qu'un accident aurait exceptionnellement atteints loin du lieu où ils doivent être secourus. Mais l'aumône de l'Etat, dans le premier cas, ne devrait pas être de nature à faire regretter la charité privée. L'Etat ferait des avances aux voyageurs malheureux qui pourraient justifier d'une certaine aisance, et qui seraient surpris par une catastrophe. Il agirait de même à l'égard d'une honnête infortune.

Une autre mesure générale dont on serait tenté de vouloir

l'établissement lorsqu'on voit certains égoïsmes par trop replets rester dans une impassibilité parfaite à côté de la misère la plus lamentable, c'est un impôt qui atteignît la richesse sous toutes ses formes, et qui fût basé sur une assez large échelle (échelle mobile d'ailleurs, et qui pourrait varier suivant les besoins du pays), pour rendre très-difficile toute fortune excessive.

Sans prétendre qu'il n'y ait pas d'améliorations à introduire dans l'assiette et la répartition de l'impôt, dans la manière simple ou composée de le rendre proportionnel, nous ne voudrions pas répondre non plus qu'il n'y aurait pas dans ces nouvelles mesures des inconvénients graves pour la richesse publique. Les questions de cette nature sont très-complexes, et veulent une étude à laquelle nous n'entendons pas nous livrer ici.

Ce que nous venons de conseiller au nom de l'humanité devrait s'exécuter encore au nom de la conservation de l'ordre et de la paix intérieure.

L'État et les particuliers, s'ils sont sagement inspirés par leur plus grand intérêt, sacrifieront par prudence à une nécessité que le droit ne leur impose point, et que leur charité ne suffirait peut-être pas non plus à leur faire suffisamment comprendre.

Oui, nous croyons qu'il y va du salut public, et que l'État et les simples citoyens doivent sérieusement se préoccuper des souffrances de la partie du peuple la plus disgraciée de la fortune. Mais comprenons bien tous ces quatre choses:

1. Il y aurait folie coupable à ne pas donner aux pauvres un travail qui pût nous enrichir en le nourrissant.

2. Il serait très-dangereux pour tout le monde, pour le pauvre aussi bien que pour le riche, de faire travailler à perte pour l'entrepreneur.

3. Il importe donc extrêmement de bien choisir le genre de travail à donner; de le choisir de telle façon qu'il ne ruine directement ni l'État ni l'industrie privée, ni indirectement l'industrie privée par celle de l'État.

4. Il n'importe pas moins de moraliser le prolétaire, de le pénétrer de sa destinée, de sa position dans la société, de ses devoirs d'homme et de citoyen; de lui faire comprendre qu'on ne peut rien ou presque rien pour lui sans lui; que son concours est absolument nécessaire pour le sortir de misère ou pour l'empêcher d'y retomber; qu'en vain il aurait une part dans les bénéfices, en

dehors de celle du salaire; qu'en vain il serait associé: il retomberait toujours dans le dénuement s'il s'abandonnait à l'oisiveté, à la débauche, s'il n'était pas réservé dans ses dépenses, dans les charges qu'il assume; que sans bonne conduite et sans prudence, il se perdra, et la société avec lui. Plus alors la solidarité serait grande entre elle et lui, plus la charité serait active à son égard, plus aussi ses écarts seraient funestes au corps social.

Nous venons de parler des devoirs moraux des particuliers, et de ce qu'on pourrait aussi appeler par extension les devoirs moraux de l'Etat envers les prolétaires.

Il y a encore un autre devoir de l'Etat, devoir de justice, et plus impérieux par conséquent que les devoirs moraux qui précèdent : c'est celui de ne pas engendrer le prolétariat en écrasant d'impôts le petit propriétaire, le petit cultivateur, le détaillant, ou le faible industriel. Ce devoir n'est plus un devoir moral, c'est une obligation stricte, un véritable droit à respecter. Qu'on y prenne garde! un danger des plus imminents aujourd'hui, c'est de faire, à coup sûr, mille pauvres sans être certain d'en sauver cent autres.

Que l'Etat sache bien, lui aussi, qu'*il n'y a pas de petites économies*, surtout lorsqu'elles se répètent des millions de fois; qu'il sache que tout impôt qui ne rapporte pas. plus qu'il ne coûte est un impôt mal employé. On n'en paie jamais trop quand il enrichit. Il est, au contraire, toujours trop lourd lorsqu'il est improductif, parce qu'alors il est plus ou moins ruineux.

Que les représentants du peuple soient donc impitoyables sur l'emploi des deniers publics; qu'ils suppriment les sinécures; qu'ils fassent disparaître l'abus des cumuls; qu'ils réduisent les traitements exorbitants, mais qu'ils comprennent cependant les nécessités des services publics, et les besoins légitimes de ceux qui les remplissent.

Au risque de nous faire taxer d'un sentiment auquel nous nous croyons étranger, nous dirons volontiers : Que ceux qui se sont trop facilement enrichis en puisant à pleines mains au budget soient écartés sans colère, et sans qu'ils soient obligés à restituer autre chose que les profits illégaux qu'ils auraient pu faire;

Que les abus qui les ont engraissés disparaissent avec eux;

Que les ouvriers de la vigne sociale soient convenablement choisis et honnêtement rétribués, mais que les services publics n'enrichissent plus personne, et qu'une modeste retraite soit assurée aux hommes qui auront sacrifié leur vie à la chose publique;

Que les frais de représentation soient partout supprimés de la manière la plus absolue. Pour un restaurateur ou un confiseur qui s'en trouve bien, — sans parler des gourmands ou des *ventrus* qui ne s'en trouvent pas mal, mais qui n'ont pas besoin d'être repus ou affriandés sur le budget,—dix contribuables en souffrent plus ou moins cruellement;

Qu'une commission de contrôle soit annuellement formée au sein de la chambre, et qu'elle fasse un rapport détaillé, sur enquête, de l'emploi de toutes les parties du budget.

Une cour des comptes ne suffit plus. Elle peut bien vérifier l'emploi des allocations de fonds dans les différents services publics; mais c'est aux représentants du peuple à juger de la légalité des allocations faites par les différents ministères, et à éclairer la chambre sur l'opportunité des dépenses publiques sollicitées par le pouvoir exécutif.

Il y aurait sans doute beaucoup d'autres choses à dire sur les moyens de moraliser tous les rangs de la société, et d'élever la moyenne du bien-être général. Notre intention n'était pas de traiter directement cette question.

Tout ce que nous nous sommes proposé d'établir consiste uniquement à faire voir :

Que ce qu'on appelle généralement droit au travail n'en est pas un;

Que l'Etat ne pourrait s'y méprendre et le garantir sans une extrême imprudence;

Que l'on confond très-faussement au point de vue scientifique, et très-périlleusement au point de vue social, l'équité avec la bienfaisance, le droit avec la morale;

Que cette confusion n'est pas seulement une erreur en matière de science, une injustice en droit, une faute en morale, mais que c'est aussi une source de ruine pour l'Etat et les particuliers;

Que la république et les citoyens peuvent sans doute faire beaucoup par des mesures de l'ordre juridique et de l'ordre moral, pour améliorer le sort des indigents; mais que ce n'est pas en proclamant le droit au travail, bien cependant que le travail payé soit un des moyens les plus utiles qu'on puisse employer;

Que la propriété et toutes ses légitimes conséquences
doivent être fermement maintenues, comme l'expression
la plus incontestable et la plus nette de l'ordre social a-
près le droit à l'inviolabilité personnelle; mais qu'il faut
absolument reconnaître aussi que la bienfaisance a ses
exigences morales auxquelles on ne peut consciencieuse-
ment se soustraire;

Que le respect moral de ces exigences est, à tout prendre, un excellent calcul, puisqu'il doit moraliser le
monde, multiplier pour chacun les moyens de bien-être,
opérer de plus en plus la fusion des différentes couches
qui composent la masse des citoyens, et réaliser enfin le
sentiment de la fraternité.

L'universalité de ce sentiment n'est encore, il faut le
dire, qu'en espérance. On le donne comme un principe
ou une cause, tandis qu'il ne peut être qu'un effet.

Il doit éclore et s'étendre librement, sous la bienfai-
sante influence d'une législation parfaitement amie de la
justice, et sous l'action non moins heureuse de la pratique intelligente, mais libre encore, de la charité privée.

La nécessité, le soin du salut public et particulier, est
le coup de fouet dont se sert la Providence pour forcer
les hommes de notre temps à faire un pas de plus dans
la voie du perfectionnement social. Le temps de la force
et de la violence a le premier marqué la carrière de l'humanité; l'inégalité légale ou la justice partielle a signalé
la seconde phase de l'histoire universelle; la période de
la liberté ou de la justice est arrivée ensuite; et à peine
y sommes-nous pleinement entrés, que déjà nous voyons
poindre celle de l'égalité par la liberté et la sympathie.

Mais pour y entrer sans retour, deux grands sacrifices
sont nécessaires :

Il faut, d'une part, que l'indigent, le prolétaire, res-
pecte la propriété du riche, avec toutes ses conséquences
juridiques;

Il faut, d'un autre côté, que le riche prenne au sérieux
le devoir moral de s'occuper de la destinée du pauvre.

Sans ce double sacrifice de deux passions égoïstes et
ennemies, le monde moral ne peut manquer d'être en
proie à d'horribles déchirements.

Le 27 juillet 1848.

DIJON, IMPRIMERIE DE DOCILLIER.

www.ingramcontent.com/pod-product-compliance
Lightning Source LLC
Chambersburg PA
CBHW060524210326
41520CB00015B/4295